EDICIÓN PATHFINDER

Por Cristina G. Mittermeier, Jennifer Peters
y Cheryl Block

CONTENIDO

Personas pintadas

POR CRISTINA G. MITTERMEIER

Te presentamos a la gente
de Papúa Nueva Guinea.

Cazadores huli.
Los hombres huli llevan lanzas, arcos y flechas para cazar y proteger a sus familias.

En esta isla grande del Pacífico Sur viven algunas de las personas más diversas del mundo. Son los habitantes de Papúa Nueva Guinea. Viven en pequeños grupos, cada uno con su propio idioma y con costumbres y creencias distintas. Como fotógrafa, he tomado fotos de personas en todo el mundo, pero fue con estos isleños con quienes disfruté más de la experiencia.

Es por eso que apenas podía contener mi emoción mientras mis amigos y yo nos internábamos por un río en lo profundo de la selva de Papúa. Estábamos buscando a un grupo específico de personas conocido como los huli.

En poco tiempo divisamos una aldea. Buscamos a los habitantes, pero no vimos a nadie. Así que amarramos el bote y continuamos a pie. Tomé mi cámara y salté a tierra firme. De repente me vi rodeada de personas con sus rostros pintados. Los indígenas me dieron la bienvenida. Los **pueblos indígenas** están relacionados con las primeras personas que habitaron en un lugar. Al saludarlos, pensé en los miles de años que sus antepasados han vivido en este hermoso lugar.

La vida tribal

Aunque el país no es más grande que el estado de California, más de 1000 grupos étnicos viven en Papúa Nueva Guinea. Algunos no se llevan bien con sus vecinos. Estos grupos han estado en guerra durante cientos de años. Existen desacuerdos sobre el territorio, los recursos naturales y las creencias religiosas. Por suerte, los acantilados y las selvas se encargan de mantener la distancia entre estos grupos. Eso ayuda a evitar que se peleen.

Cada grupo tiene su propia cultura, o forma de vida. Esto incluye el idioma, la comida y mucho más.

Aprender acerca de cada cultura me ayuda a comprender a las personas. Tomemos por ejemplo a los huli. Los hombres y las mujeres viven separados, aun después de casarse. Los hombres cazan y usan pelucas de colores, mientras las mujeres hacen la mayor parte del trabajo. Las mujeres huli crían a los hijos, cultivan batatas, atienden a los cerdos y ayudan a mantener la **comunidad**.

Obras maestras de la isla

El centro de esa comunidad es la casa espiritual. Las casas espirituales están entre los edificios más importantes de la cultura huli y de la mayoría de las otras culturas de la isla. Son lugares sagrados donde las personas adoran a los dioses. En muchos grupos, solo a los hombres se les permite entrar a las casas espirituales.

Yo soy mujer, pero pagué para poder entrar a una de ellas. No tenía la menor idea de cómo sería el interior de una casa espiritual. Lo que vi en su interior me dejó atónita. Estaba llena de bellos objetos, como escudos, estatuas y grandes ganchos. Cada uno había sido cuidadosamente pintado. Eran maravillosas obras de arte.

Perdida en la traducción

En Papúa Nueva Guinea se hablan unas 850 lenguas, más que en cualquier otro país del mundo. Sin embargo, a pesar de no saber su idioma, traté de comunicarme con las personas. A veces no sabía lo que me estaban diciendo, lo que llegó a confundirme un poco.

Por ejemplo, no entendí lo que me dijo un hombre en un mercado local. Se acercó a mí llevando una planta venenosa cubierta con espinas.

Se sonrió y frotó la planta en mi brazo. ¡Ay! Me ardió. No sabía por qué me había hecho eso, pero continué actuando como si no me hubiera dolido. Él se quedó perplejo y se fue.

No obstante, la mayor parte del tiempo logré comunicarme bastante bien. Generalmente, por medio de **expresiones** faciales, logré demostrar a la gente local cómo me sentía o lo que quería. Por suerte, también logré con frecuencia comprender lo que me querían decir. Eso es importante. Comprender cómo otras personas ven el mundo me ayuda a comprender mejor mi propio mundo.

Arte sagrado. *Estas pinturas decoran el interior de una casa espiritual.*

Danza colorida. *Estos bailarines muestran sus trajes en un festival en el monte Hagen.*

Festivales fabulosos

Una mañana, al final de mi viaje, me fui para el monte Hagen, una montaña alta ubicada en el centro de Papúa Nueva Guinea. Algunos grupos estaban celebrando un **festival** allí. Confiaba en que no les molestaría que me invitara sola a su gran fiesta.

Más de 40.000 personas asistieron a la fiesta. Celebraban su pasado. Vestían trajes coloridos. Danzaron, contaron historias y se divirtieron durante muchos días.

Yo andaba siempre con mi cámara, sacando foto tras foto. Los tambores tronaban y las plumas se balanceaban. Vi que algunas personas llevaban grandes sombreros hechos de helechos y otras plantas.

Vi que algunos hombres tenían el cuerpo cubierto con arcilla gris blanquecina y usaban máscaras espectaculares hechas de barro. Vi a hombres huli que usaban pelucas gigantes decoradas con multicolores plumas de aves.

Tomé muchísimas fotos

Pronto se formó una línea frente a mí. Querían que les tomara una fotografía. Tomé foto tras foto, hasta que pasé los 100 rollos de película. No podía parar. La gente era tan bella.

El Sol comenzó a elevarse por el cielo, y pronto la luz era demasiado brillante para tomar fotos. Guardé la cámara y me dirigí a la multitud de personas pintadas.

Traté de captar todos los diferentes sonidos, olores y colores del día. Estar rodeada de estos extraños me asustaba un poco; sin embargo, sus sonrisas me hicieron olvidar que estaba muy lejos de casa. Estábamos todos juntos, divirtiéndonos. Éramos parte de un mismo planeta increíble.

Hombres de barro. *Estos hombres se visten para un festival con máscaras hechas de barro. Sus largas garras están hechas de una planta llamada bambú.*

VOCABULARIO

comunidad: lugar donde las personas viven, trabajan y juegan

expresión: manera de mostrar sentimientos o emociones

festival: gran celebración pública

indígenas: personas que se relacionan con las primeras personas que habitaron en un lugar

CABELLO HULI

POR JENNIFER PETERS

Cuidado del cabello. *Los hombres huli usan pelucas en forma de hongo todos los días.*

Imagina si tu futuro dependiera de tener el cabello perfecto. Para los niños adolescentes de la cultura huli es precisamente así. Los miembros de este grupo remoto creen que el cabello demuestra la salud y la fuerza del varón. Usar pelucas elaboradas a partir de su propio cabello les confiere el respeto de su pueblo. Así que, para los hombres huli, nada es más importante que tener el cabello perfecto.

UN PUEBLO ESCONDIDO

Los huli viven en lo profundo de la selva tropical de Papúa Nueva Guinea, un país insular ubicado al norte de Australia. Ellos permanecieron desconocidos para el mundo exterior hasta la década de 1930, cuando la fiebre del oro llevó a los exploradores a sus tierras. Hoy en día, unas 70.000 personas integran el grupo huli. La mayoría opta por seguir su modo de vida tradicional.

Ubicación:	Océano Pacífico, 100 millas al norte de Australia
Cómo llegar:	20 horas en avión desde Los Ángeles, California
Población:	5,7 millones, casi la misma que Tennessee
Idioma oficial:	Inglés
Otros idiomas:	850

TRADICIONES Y REGLAS

En la adolescencia, las niñas atienden y cuidan a sus hermanos menores, mientras que muchos niños varones van a la escuela de pelucas. Aprender a dejar crecer el pelo para hacer pelucas es una tradición importante para estos jóvenes. ¿Las reglas? 1) No correr para evitar que la peluca rebote; 2) Mantenerse alejado de las fogatas ya que se pueden quemar el cabello; 3) Regar con agua el cabello 12 veces al día para que crezca más rápido. Romper las reglas puede llevar a la suspensión o incluso peor: ¡cabello desgreñado!

CONVERTIRSE EN HOMBRE

Usar pelucas puede parecer extraño para quienes no son de aquí, pero para los huli tiene un significado mucho más profundo. Cuando un adolescente huli usa por primera vez su peluca, muestra que es lo suficientemente fuerte como para llevar a cabo los deberes de los adultos, tales como la guerra y el matrimonio. Para prepararse, los niños dejan crecer su cabello por lo menos 18 meses antes de cortarlo. Los fabricantes de pelucas luego tejen el cabello en forma de hongo para uso diario. Los niños añaden estilo con flores y plumas. Más tarde, usarán pelucas especiales para las ceremonias, dando así sus pasos finales para convertirse en hombres.

Festival de caras. *Joven con tocado de plumas y el rostro pintado para una ocasión especial.*

Bienvenida huli *Guía turístico huli presenta su cultura a los turistas.*

¿Cómo sería distinta tu vida... si fueras huli?

	ALMUERZO	PASATIEMPOS	TAREAS	DIVERSIÓN
Niños en EE.UU.	Emparedado de mantequilla de maní y dulce	Jugar al fútbol	Limpiar el cuarto	Jugar a videojuegos
Niños huli	Ranas y ratones	Recoger flores y plumas para las pelucas	Regar el cabello	Tocar la flauta de bambú
Niñas huli	Papas dulces	Tejer bolsas de cuerda	Trabajar en el jardín	Comprar en el mercado al aire libre

Salvando las voces del mundo

Por Cheryl Block

PLANICIE DEL NOROESTE DEL PACÍFICO

OKLAHOMA-SUDOESTE

MESOAMÉRICA

NORTE DE SUDÁMERICA

SUDAMÉRICA

SUR DE SUDAMÉRICA

Se calcula que el mundo pierde una lengua cada 14 días.

El proyecto Enduring Voices de National Geographic trabaja en todo el mundo para preservar las lenguas en peligro de extinción. Los investigadores identifican como «puntos críticos» aquellos lugares donde las lenguas nativas son especialmente exclusivas, poco entendidas o se encuentran en peligro de extinción.

¿Por qué es tan importante el lenguaje? Muchos pueblos antiguos transmitían sus tradiciones de manera oral y nunca desarrollaron un lenguaje escrito. Cuando los hablantes de estas lenguas desaparecen, perdemos un importante aspecto del conocimiento de sus culturas.

Por ejemplo, las culturas de los aborígenes australianos tienen por lo menos 50.000 años de antigüedad. En la actualidad quedan solo uno o dos hablantes nativos de algunas de estas lenguas. Los investigadores utilizan la tecnología moderna para grabar a los últimos hablantes que quedan. Al preservar el idioma de un pueblo, también podemos preservar su conocimiento del mundo.

Los ancianos yupik, en el Ártico, usan distintas palabras para describir 99 tipos diferentes de hielo marino. Los científicos modernos pueden aprender mucho de sus conocimientos sobre el Ártico.

En Bolivia, el pueblo kallawaya protege sus conocimientos de plantas medicinales mediante el uso de un lenguaje secreto que únicamente ciertas familias conocen.

Minyak	English
ནམ་སྔོན་པོ	blue sky
ཉི་མ	sun

Este ejemplo de texto minyak muestra otra manera de salvar una lengua. En el Tíbet, los investigadores crearon la primera forma escrita de la antigua lengua minyak. Los miembros de la comunidad imprimieron un libro de texto para las escuelas locales minyak.

Durante una grabación de las lenguas en peligro de extinción en la India, los investigadores descubrieron un lenguaje oculto: el koro. Es hablado por un grupo de solo 800 a 1200 personas que forman parte de una tribu mayor que tiene unas 10.000 personas.

CONEXIONES CULTURALES

Conéctate con otras culturas respondiendo las siguientes preguntas.

1. ¿Por qué Cristina Mittermeier trata de hablar con la gente cuando no sabe su lengua?

2. Cristina Mittermeier fue bien recibida por los pueblos indígenas de Papúa Nueva Guinea. ¿Qué significa indígena?

3. ¿Por qué usar pelucas por primera vez es una tradición importante para los niños huli?

4. ¿Por qué el artículo dice que es importante preservar las lenguas del mundo?

5. ¿Es importante el lenguaje para comprender otras culturas? ¿Por qué?